LA VELADORA

Gerardo Venteo

Colección Imaginal

LA VELADORA

© Gerardo Venteo Fernández
© Prólogo: Susana Drangosch
© Ilustración de cubierta: Antonio Rodríguez Barbero
© Diseño de cubierta: Nati López Molina
© de esta edición: Olé Libros, 2025

ISBN: 979-13-87620-21-9
Depósito legal: V-634-2025
Impreso en España

KALOSINI, S. L.
Grupo editorial **olélibros**
equipo@olelibros.com
www.olelibros.com

GERARDO VENTEO

Gerardo Venteo (Galera, 1963). Realiza estudios de Magisterio en la Universidad de Granada, donde, en asociación con otros poetas, forman el grupo Grama de Poesía, entre cuyas actividades destaca la organización y dirección de varios Encuentros de Poetas en Peligros.

Algunos de sus poemas han aparecido en las revistas *Ficciones*, *Extramuros*, *Letra Clara*, *Voladas*, *Estación de Poesía*, *Lumbre* y en la carpeta de grabados *Entredós* de Maureen L. Booth. En 1996 dirige la edición de la carpeta de serigrafía y poemas *Memoria azul*.

Colabora en publicaciones colectivas tales como *Versos alrededor de la lumbre*, *Para decir amor sencillamente* o *La satisfacción del deber cumplido*. Ha participado en la XVIII edición del Festival Internacional de Poesía de Granada.

Ha publicado los poemarios *Los verbos conjugados* (Ediciones Adhara, 1996), *En el corazón dormido del esparto* (Proyecto Sur de Ediciones, 2001), *El nombre del frío* (Maclein y Parker, 2018) y *Casa de dos plantas* (Sonámbulos Ediciones, 2021).

A Juana, mi veladora

velador, ra:

2. adj. Dicho de una persona: Que, con vigilancia y solicitud, cuida de algo.

Palabras para Juana

¿Cómo recordar a la madre, huérfanos de manos y caricias?

No hay modo de saltar sobre esos días, años, tantos y maltrechos, y no poder regresar —como un castigo— a esa imagen que vuelve de su estancia: la cocina; el patio; a los pies de la cama, velando por sus sueños.

¿Dónde están esos gestos, la insistencia en contar lo que hay, lo que alcanza, el resto como lujo?

Es el amor que desvela noches, dobla la espalda al cuerpo enfermo de los hijos; aligera las manos y enciende la voluntad de hacer del aire la multiplicación de los panes para el sobrio banquete de cada día.

Pero no. Su vida es más, aunque el paisaje se mantenga quieto, austero de riquezas, incierto en perspectiva, el futuro que construya para ellos se hará a costa de entereza y voluntad. Con el esfuerzo como apoyo.

¿Cómo es posible que su vida se evapore; cuerpo caliente que ha mudado en despojo sin que nadie la haya rechazado?

Es un dolor de siembra lo que siente. Un sueño de madera donde quedarse quieta, a cobijo del tiempo que será mayor y mayor a medida que avance hasta el final: hado afortunado para quien conserve su ternura.

Susana Drangosch

La veladora

[...] el amor fue mi casa,
quiero decir mi madre,
con sus andares lentos,
con su afanoso amor por ordenar la casa.
[...] y pensaba: es mi madre,
definitivamente,
y mi madre es mi casa.

MARILUZ ESCRIBANO PUEO

Saber que sé que hizo, contra todo
pronóstico, todo lo que pudo.

SHARON OLD

Amor

Te diría, te daría la verdad de las cosas si la tuviera,
dijo la madre con franqueza al hijo. Y se la estaba
dando porque no había más verdad que su boca,
la hondura de sus palabras y sus manos. Y el hijo
aprendió aquello y lo hizo hondura de verbos en la
boca y lo hizo palabra y lo hizo mano.

I

JUANA

El amor es eterno mientras dura,
pero la muerte no interrumpe nada.
Entre la duración necesaria e inexistente
y la continuidad de lo vivo,
tal vez las palabras, la huella de las palabras.

GUADALUPE GRANDE

Era la segunda de las hijas, la más atenta. La que le dio gloria en su cuidado. La que mejoró su especie y fue madre al fin también, la que lo fue de todos y de nadie; la sola, la que nada más que sus hijos. De ellos siempre ella, la veladora.

Todo en ella era servicio.
Estaba hecha de músculo dulce de miga de pan.
Aprendió a llevar la casa
de su madre y después su casa.
Siempre había sido como esas viejas
criadas alerta y dispuestas a todo:
atendía con diligencia
la cocina, el pulcro orden de la casa.
Era el bálsamo de los cuidados,
la libreta precisa que anotaba
los números precarios,
la voz templada del aliento
y la confianza.
Una manera de hacer
y hacer el mundo.

Porque al nacer el primero, su constelación de afectos cambió; el espacio y su espacio, la gravedad de los objetos, la intención del logro enredado en el afán, la niña de sus ojos. Ella, más ella que nunca, insistía en la cría.

Al fin, tenía un lugar en el mundo.

Él le dio lo único que le dio la vida, dos hijos y toda la alegría, toda la soledad, todo el miedo, todo el dolor, todo; más esfuerzo.

Cuando por la noche se quita el luto, se mete en la cama y se agazapa bajo las sábanas, llora por el dolor de no saber qué hacer, cómo hacer para poner la mesa al día siguiente, cómo hacerlos para que sean de provecho para sí y para el mundo.

Y se mece en las plegarias de la noche hasta que llega el sueño y se pausa y se aviene a ella misma y a su confianza.

Antes de dormir, un vaso de leche
para hacer dulzura en el estómago
bajo el lienzo de las sábanas
heladas en invierno.
El arrullo de una nana
que se posaba en la noche
como ángeles de la guarda
velando las cuatro esquinas de la cama.
La confianza entonces era una hoguera
encendida bajo el tejado
que abrigaba los muros de la casa.

Su temblor se adivina en la cautela, en cómo traza la duda de los pasos, en cómo no duerme una noche y otra noche pensando cómo hacer para que se haga lo que debe hacerse.

Al día siguiente, el desayuno en la mesa, la ropa limpia, sus manos tendidas a lo que da el día, los nudos de sus dedos como hebras, anudando. La yema de los pies, la yema de los dedos, la yema de su voz acarician hilando corazones para que crezcan y no tiemblen.

Pone los pies en el suelo cada día como si fuera primer día de enero y lo nuevo se hace en su cuerpo que arrastra la ceniza de no sé cuántos diciembres. Debe hacerse tangente en lo concreto, doblegar si hace falta lo que no debe ser para que sea lo que debe, lo que pertenece a los cuerpos, lo que solo la vida reclama.

Con la boca lanza plegarias
y con las uñas rasca.
Cuando se abre la mañana
tiende su cuerpo al día.
Huele y mastica las horas de proveer,
lanza ahí toda su voluntad
que es carne,
y todo lo demás se hace,
pero solo lo necesario,
nada más que lo que nutre.

Cabalga
a lomo del día,
sujeta la brida,
equilibra
constantemente
el eje del cuerpo;
lo ajusta sin pensarlo
porque es aprendido
como la intención
y la voluntad
son aprendidas
en el esfuerzo
y se hacen.
Ella hace.

Por estar en el sitio que debe estar,
desplaza todo lo demás.
Nada debe distraerla de su empeño
y nada la distrae,
ni el cielo, ni el mundo.
Su vocación es animal,
un instinto más allá
que solo sabe ella que los parió.

Su alegría no es liebre que salta ligera como cantan los pájaros. Su amor es un bancal, tierra alimentando raíces, cuerpo vivo en el alojo de su desalojo.

Se ama a sí misma a través de los hijos.
Incumple el mandamiento
de quererse primero
para poder querer lo demás.
Se improvisa de veras.
Se hace en lo que hace.
Ninguna otra cosa la distrae.
Sabe su lugar porque es lugar.

Los atusa con el peine para que salgan a la calle como si fueran príncipes. Lo son para ella y quiere que también lo sean para el mundo. Los pone a la consideración de una dignidad antigua y al respeto. Una cosa no quita la otra, aunque el negro de su vestido se haga cada día más pardo.

No tenía canto
             o sí lo tenía
pero era otro
porque su voz salía
de la templanza de las manos,
del tiempo haciéndose en la hoguera
de su corazón puesto
en los días de hacer bálsamos
en su casa.

Decía que no tenía oído
pero lo escuchaba todo
y lo pronunciaba todo escribiendo
sobre el renglón de su casa como la que borda
un paño dulce de entretela para el invierno.

Es lo que es y hay lo que hay
pero ella es capaz de obrar
otra vez el milagro
de multiplicar los panes y los peces
solo con ejercer su voluntad
que es diligencia, devoción y aritmética.
La mesa que pone es siempre la mejor mesa.
Luz en la tiniebla.

Tiene que hacer frente a todo, sola. Pero los mira y en el cariño está la fuerza, en lo que siente tan animal por dentro. Y es que son carne de su carne, hilos de su propia hebra.

Se ablanda en la delicadeza de sus dedos al posarlos para sujetar la tela. La apuntala trazando una malla, los andamios de una red para zurcir el algodón o la lana. Su intención, ahí.

(Yo la vi, mi madre pesaba en aquella tela).

Lo que no sabe resolver
lo encomienda
al todopoderoso
que es ella misma con un amor,
con una confianza tan grande
que lo todopoderoso responde.
Ella puso el calor en el ruego de las manos
con tanto convencimiento que de ella
salió la calma que ordenó
la tempestad
y tendió su corazón
en medio del desierto
para alimentar con su sangre
la sed del camino.

Desgrana su plegaria
en los días de hacer.
Pide, y hace.
Con las agujas dulces de la voz en los dedos
enhebra las horas.

Siempre está atenta por si el daño
entra en su casa y hace brecha.
Tiembla ante la sospecha
de que puedan herir
a alguno de sus hijos.
Mantiene el movimiento
de rotación
sobre el eje.
Guarda la hebra del carácter
por si hiciera falta abrir
la boca y mostrar los colmillos
y bufar como las gatas que celan
el cuidado de sus crías.
El miedo como el afecto
son instintos de agazapo
que multiplica la especie.

Hay días en los que lo que desea
choca contra las aristas de la cal
(reverbera y vuelve el impacto sobre ella).
Sus plegarias se hunden en la noche.
¿Quién, qué la ampara a ella que es músculo de
amparo?

El hijo la miraba y la observaba tanto que podía
fundirse en su aflicción y quiso protegerla:
se cuidaba para que nada de él pudiera herirla, que
nada más fuera mordedura en las tribulaciones de
su alma y entrelazó en sus manos una cuna que la
meciera. Y la mecía.

En el hacer, una presencia constante de lo que falta para que no falte, un modo de ingenio del aprovechamiento; maneras de tejer. Y ellos, que parecen no darse cuenta, oyen, ven y aprenden a saber la importancia de lo que va primero y lo que viene después o no es necesario. Lo que tendrían que acometer cuando llegara el día de hoy; lo que estaba por venir.

Es contundente y sobria.
Porque nada fue gratuito.
De su gesto se desprende la fuerza
de una gravedad conformada
en los momentos difíciles.
No pide lo que no necesita ni ofrece lo que no sirve.
En la misma gravedad
sostiene el relámpago con el que se ofrece.
Una franqueza que es gloria.

En su voz tan serena
el nudo de las horas
es paciencia de consentimiento;
agua que pone en su sitio las cosas.

Se sobrepone a la sombra.
Toma aliento.
Debe estar, seguir.
Suyo es el amparo y a nadie más corresponde
poner los verbos que hacen lugar
en su sitio:
hacer, querer, buscar, volcar...

Huele la fragancia de las lilas en abril
o las azucenas que el hijo
le regala algunas tardes de mayo.
Su casa es un templo de bondad
dulce como un paraíso en la tierra.

Pone a descuento los días que faltan.
Insiste en que pasen
solo por el gozo de verlos llegar
y tenerlos ante sí de nuevo.
Todo se le agolpa dentro: las ganas,
la alegría, el ímpetu laborioso
de hacer para ellos, lo que va más allá
del cuidado y que es solo
el regalo que merece sin pensar
ni siquiera en ello.
Anticipa su regreso y se ahueca,
y en sus manos y en sus ojos dibuja,
como siempre, una mecedora.

Porque así es como agradece
a las cosas su oficio,
las cuida con esmero.
Ha barrido las hojas del patio,
ha preparado las camas para cuando vuelvan,
ha dejado a punto el embozo de las sábanas
para cuando acuda la noche,
ha vuelto a perfilar
las líneas precisas en orden
de los muebles de la casa
y se ha sentado frente al muro blanco
del patio
como si la cal contuviera el mar
de toda la luz y la brisa ante sus ojos.
Unos minutos de silencio
frente al rumor de los árboles
y el descuido de los pájaros.
Se contempla entre todo.
Sus manos y sus ojos todavía
son capaces de perfilar la escena
donde todo
parece devanarse
sin prisa
y respira de su pausa
diluida, al fin,
su gesto en el tiempo,
en ese todo tranquilo que la embarga.

El olor de su casa huele a hogar.
Una mezcla que sale
de la cocina y los armarios,
de los cuerpos vivos y el tiempo
a recaudo de la memoria,
y tanto afecto
que todo se empapa de todo.

Cuando ya no están, lava las sábanas,
las dobla y el perfume de lo limpio
entra en su ánimo.
Coloca las cosas
en el sitio que corresponde.
Ella también se ordena resignada
en el latido de una nueva espera;
la única esperanza viva de los días.

Instalada en lo poco,
se ha acostumbrado a gastar
sus manos en lo que toca, y sus ojos,
en mirar cómo transcurren las horas
en todo el alrededor.
Sujeta el cuerpo al afán
de las tareas como si en el gesto
de lo que hace, como si en la voluntad
de lo que hace, hubiera
una plegaria agradecida
que la sostiene en el tiempo.
Habla poco y, de sus silencios,
puede oírse el paladar sencillo
volcado hacia dentro
y una luz tranquila (deliciosa
como un aroma que evoca la raíz
del comienzo de todo)
mana mineral de su frente.

En el esfuerzo hay un amor volcado
como ningún otro.
Alimentar la carne de su carne
más que a ella misma.
Ver en ellos el fruto de su trabajo
hacen orgullo y provecho en ella;
labradora de sus hijos.

Sé que os dejo sin mí en el mundo, a su intemperie
y mi amor debe bastaros para ser
semilla dulce en el mundo,
lugar sanador donde el agua haga de él su fruta.
Seré vuestro advenimiento en las horas difíciles.
Esta es mi voluntad,
mi mano serena en la luz de vuestra memoria.
Sea así vuestra calma
y el pronunciamiento de mi nombre,
bálsamo entre las cosas.

II

LA COSECHA

Los pies de la madre son manos para los hijos.
MARÍA AUXILIADORA ÁLVAREZ

Un hijo

En un hijo
uno queda disuelto de algún modo
de manera indeleble.

Lorenzo Oliván

Dormíamos juntos en una casa.
Éramos una familia.
Nos cubría el vaho de la noche sobre el tejado.
Dentro, nosotros en paz.
Yo dormía mientras mi madre
desvelada
se enredaba en la aritmética
de las cuentas del rosario y las cuentas
de cada día.
Al día siguiente, la aritmética
de las horas en sus labores
enhebraban el presente y el futuro.

Cuando llegó el desorden, ella tuvo que aprender sola cómo se gestionaba un hijo y otro hijo, y puso su confianza en la luz de lo invisible que le devolvió la confianza al centro de gravedad que se sustentaba en sus manos.

La suya era una casa sencilla de paredes blancas y un
tejado de amparo abierto como las manos que en su
cobijo redimían de todas las afrentas de los días y
su frío; una casa de anchuras para recoger el campo
y unos ojos abiertos a la calle para no olvidar la
anchura del mundo ni el futuro. Su casa, a su imagen
y semejanza, era buena.

Como una luz encendida en la noche
la intención volcada fuera de sí
era la vela;
una mano,
el amparo sobrevolando las horas.
Arquitectura, puntal de bálsamo.

Todo lo que ahora sé
entonces lo vivía
sin pensar en las manos, la voluntad
y el esfuerzo
que cada cosa requería.
Era un niño feliz
en el amparo seguro de mi madre.
Sin ser consciente fui aprendiendo su manera
de hacer y estar en las cosas.
Su ternura
era el agua para la sed
que empapaba mi arcilla de afecto.
Ahora sé de su diligencia
silenciosa
volcada en el cuidado,
una inteligencia precisa
que la situaba en el lugar
donde se gestionaban,
acompasadas,
la casa y la calle.
Todo eso, tantos días,
eran intención de bondad,
miedo, soledad, confianza
y cosas en las manos.

Una patria.
Eso es lo que hiciste en nosotros.
Un hogar dulce al brío
de su fuego lento
para alimentarnos y calentar los inviernos.
Un hogar al que regresar
cuando ruge la tormenta y llega la noche.
El agua para la sed
de todos los desiertos.

Entonces no lo sabíamos.
Mi madre había puesto
sus manos y su corazón
en mecedora.
No teníamos alcance para pronunciarlo
pero los días eran
amables bajo su cobijo.
Un orden en la blandura de lo bueno.
Jugábamos a aprender distraídos
en el lienzo de las horas.
Estrenábamos la felicidad del instante
en el rumor de las primeras veces.
Era entonces el tiempo de la alegría
que parecía infinita
antes de rompernos en la herida.
Y allí estaba ella antes y después de todo
como lugar al que regresar siempre.

Su risa se hacía luz
en la sombra tan sobria de la casa.
Mi regalo era hacerla reír,
distraerla, apaciguar la gravedad
de tanto peso a cuestas.
Yo recogía agradecido
aquella luz en mi alegría.
Ambos bebíamos la dicha
de aquel vaso de agua.

Lo supimos siempre. Las cosas
no tenían más verdad que lo que era.
No era fácil que el pan se hiciera
en la mesa cada día
ni vestir la estatura veloz
que sumaban dos hijos
ni hacer los deberes del presente
para alimentarnos de futuro.
Lo supimos como ahora sé
cuánto cuesta hacer un hijo y que sea.

En lo que hacías había una razón
de (con)sentimiento
que te daba sentido.
Alguien podía llamarte
                              «la consentidora»
que era la que se apostaba
a la entrega de su amor en confianza;
ese rezo que estoy aprendiendo en el tiempo.
De aquella siembra, hoy, esta cosecha.
Hay tanta gloria, tanto amor
en el cuidado de lo tuyo
por encima de lo tuyo,
tanto bien bueno, que eso también
hace un hijo.

En la duda, ahora, sin respuestas,
pienso en mi madre, en su desgarro
y en su servicio, en su bálsamo
silencioso, en su techo de flor de pan
tan bueno.
En la duda ahora que es como una daga
dolorosa que atraviesa la noche
pienso en mi madre, en sus noches de pie,
insomne, velando mi sueño.

Mi madre se hizo mía
como yo de mi hijo ahora;
lo más querido.

Procuro lo que está al alcance de mi mano
y, como el de ella, mi propósito
es poner en las manos,
en los oídos y la boca
de mi hijo
todo lo bueno
para que macere en su afecto.

El lugar de mi alegría y mi empeño
es este hijo mío, mi bancal,
mi tiempo volcado en el desalojo
que da propiedad a mi tiempo.
Mi afecto también es animal;
nada más llena y me vacía de tanto.

Mi casa y mi aliento, mi desaliento,
es él, que ensaya pizpireto y alegre el vuelo.
Miro la disposición del cuerpo,
el despliegue de sus alas
sus ganas de libertad, el entusiasmo feliz
que me da, en su dicha, de comer.

Cuando la noche vuelve
con su duda
pienso en ella, la veladora,
que tiende todavía sus manos sobre mí
y me alivia de la noche hasta
que llegan de nuevo los ojos
del día y se hace otra vez mi casa,
mi hijo, que también despierta.

No sé cómo hacías para que fuera

                              nuestra

la alegría de cualquier niño
y que no echáramos en falta nada
cuando tantas cosas nos faltaban.
Debía ser que algo de ti
se transmutaba en nosotros,
algo volcado; intención y afán,
la pauta fiel de tu cuidado.
Algo que nos hollaba dentro
como la raíz que se hace de la siembra
y que es mi alegría ahora
que es todavía tiempo de sembrar.

La medida que usaba mi madre
era el calzo de la dificultad.
Lo que se podía y lo que no
marcaban la pauta.
Pero ella no tenía medida.
El amor no se mide.
Tampoco lo mido yo.
Ahora, esa es la pauta.

Aquel vaso de leche caliente antes de dormir,
la preocupación cuando
la fiebre y las anginas otra vez
y tu ocupación en aplicar
los bálsamos necesarios
para que se hiciera la sanación y el alivio,
la soledad que sentías
al sentirte sola, ante todo,
la incertidumbre que planeaba
inevitable
sobre lo que estaba por venir.
Todo eso hace en mi ahora
cuerpo tan cercano que pienso
una y otra vez cómo lo hacías tú.
Y así, siempre a punto, regresas
Juanita,
mi madre.

Arrullo de nana para dormir esta noche
o para doblar la esquina de las horas
es cuando de repente vuelve
el gesto anterior a su voz
y su voz detrás resolviendo
los asuntos del día.
Arbitrio de hacer.

Quien nos proveía de la suerte
era mi madre.
Ella era
con tanto para nosotros
nuestra suerte;
nada con más esperanza,
nada más sólido,
nada mejor.

Me di cuenta cuando pude.
Antes te sabía mi madre
y eso bastaba para ser tuyo
                              de mí.
Ahora alcanzo a saber de tu mano
—guía silenciosa sobre mí, detrás de mí,
delante de mí—
porque ahora es a mí a quien corresponde
ser esa mano salvadora
tendida en silencio sobre, detrás,
                              delante de mi hijo.

He aprendido a estar alerta,
anticipar el daño
para que no entre en mi casa.
He aprendido a abrigar el invierno
con aliento de buey,
a mirar a mi hijo labrando

                                    su tierra

como tú nos mirabas cuando
se acercaba imperativo
el tiempo de la siembra.

Algunos dicen que me desvivo
porque también yo me quito el bocado
de la boca.
Dicen que soy como una madre.
Yo soy semilla de tu árbol;

                                                tu hijo.

De ti aprendí el camino.
Nada me da más la vida que entregar
la vida por el mío,
mi desvelo siempre.

Retumbas en mí que fuiste mi casa;
el lugar de lo bueno.
Ahora sé que solo el amor es lugar;
sitio de proveer,
acción de bienaventuranza,
levadura puesta en la harina del pan,
bastidor donde se teje la trama,
bálsamo que vuelve desde la voz dormida.

Otro hijo

Ya he perdido el nombre que me llamaba,
su rostro rueda por mí
como sonido de agua en la noche,
del agua cayendo en el agua.
Y es su sonrisa la última sobreviviente,
no mi memoria.

ALEJANDRA PIZARNIK

Fueron mujeres épicas de otra época.
Su obligación se la creyeron a pies juntillas.
Entre ellas
          y su servicio
no había distinción.
Eran fuente, pozo de donación
                              a la deriva.
Su vida entera, fueron
pronombre solo en los pronombres.

La templanza tuya era
una manera de acatar
las reglas del mundo y resolver
con la voluntad de resolver
y la inteligencia y el afecto
a su servicio. Hacer de tu fuerza
un pilar de resistencia
para sembrar lo bueno.
Una manera de sostener
y abrir las alas del tejado
de tu casa.
Mi casa.

No sentíamos el peso. Ella nos llevaba de su mano y
nos mecía. Las cosas eran como eran. Ella sí pesaba.
En ella todo el peso, todo era peso en ella, toda la
gravedad del mundo, toda la casa. En el hueco de su
regazo cabíamos los dos, la única luz que alumbraba
los días de su corazón.

La miraba hacer las cuentas.
Pronunciaba los números
con esa precisión
que no deja lugar a la duda.
Sí, la pobreza necesitaba ajustar números
para que la posibilidad
se hiciera posible;
trazar un camino.
No importa lo que faltó
porque bastó con lo que tuvimos.
Mi madre siempre se pronunciaba
en ese arrojo de dignidad
que le levantaba la cabeza.

Aprendo el gesto delicado de la mano,
su manera de estar en las cosas;
de paso.
El ojo en la mano,
la voluntad agradecida
que posibilita el cuidado.
Como los dedos ágiles de Juana
en la aguja que apuntalaba
los hilos en la trama.
Pico preciso de pájaro
que teje laborioso el nido.

En su pelo anidaba la nieve
con un silencio tan atento
que era como si fuera
derramando
luz
desde su frente.
Su boca era precisa,
un orden de hoguera tibio;
fruta volcada
en el cesto de sus manos.

Siembra con afecto los dones
que distraído recibió de su casa.
Para agradecer la dicha del cuidado,
                              cuidar;
no hay otro camino.
De ella aprendió mi hermano
a velar las horas de su hijo,
con tanto amor que no sé
si era mi madre la que hacía
por sus manos o por su boca.
Ya estaba dicho; ella sembró un bancal.

Como una prolongación de la cal o las almendras, los domingos por la mañana era momento de celebración y mi casa olía a jabón de lavanda. Salíamos a la calle con el apresto festivo de las fiestas de guardar. Llegado el momento, mi madre nos enseñó a limpiar los zapatos, a cuidar la ropa y a lavarnos el alma para protegernos de no sé qué castigos y obtener un perdón glorioso que no entendíamos. Pero queríamos ser merecedores de ella que tanto se empeñaba en apartarnos de lo malo del mundo y sus cantos de sirena. Hizo lo que sabía hacer, un tejido de bondad con las mimbres de su alma.

Lo lírico, si lo hubo, estaba en su corazón que nombraba las cosas, empeñada en la tarea. Si lo estuvo fue en la plegaria que volcaba peticiones y agradecimientos hacia el cielo. Porque su cuerpo menudo era la precisión de lo exacto, la medida de su trabajo en el auge de la mañana y sus asuntos. Pies en la tierra, disposición de Sancha en su tiempo.

Al doblar un día, se hacía el siguiente,
la nueva estatura, el cansancio,
el desconcierto de otra necesidad,
el mismo tiempo sincopado

                     a cuestas.
Y sin darnos cuenta,

             a cuenta

del pasado,
el presente;
la semilla audaz
del futuro veloz.

El frío venía de muchos sitios
menos de ti
y ese modo tuyo de hacer

                 de lo precario

una forma de amparo.
Entonces, casi todo
nos igualaba a todos.
Eran tiempos difíciles.
Lo que debía hacerse, se hizo.
Hoy seguimos masticando el pan
que nos ofreciste en la boca.

El suyo era un modo precioso de hacer.
Aquella donación de sí
aligeraba el peso de no saber
cómo hacer para que se hiciera
lo que debía hacerse;
de esa confianza volcada hacia afuera
nacía el modo, la manera de hacer cada día.
Su ruego silencioso era su rezo,
una gloria que alentaba la posibilidad de sí.

La pauta para el cuidado nacía
dulcemente de sí
y con diligencia
la volcaba en sus manos.
Era precisa y tan veraz que ahí
estaba remansada
la tierra prometida.

Cortaba el pimiento
con meticulosidad y delicadeza
como si desgranara las cuentas del rosario.
La oí muchas veces;
un bisbiseo silencioso salía de su boca.
Estaba rezando mientras enhebraba,
con los dedos,
la gloria.

Después de las tareas
se sentaba
              cansada
en el sillón
y cerraba los ojos.
Yo oía el bisbiseo de sus labios.
Hablaba hacía dentro.
El cuerpo y la mente se acompasaban
en ese rezo.
                     Y en su corazón
atribulado en la sed,
se hacía al fin la calma.

Pronunciaba amén
como si su deseo
se estuviera cumpliendo
entre el paladar
y el hueco que junta la lengua.
Así lo creía y así se hacía.
Tan íntimo todo y tan secreto
que todo la bendecía.

Era su presencia afán de servicio,
el aura de una bondad,
un vuelco del cuerpo lento en las cosas,
la afirmación en la negación de sí.
lugar vivo de la tangente
donde lo posible se hacía.

Lo crudo tiene un lugar más adentro.
Ahí estaba la raíz
que sujetaba la hebra de mi madre.
Ella era en el oficio,
                    la hora,
el cuerpo del lugar;
                    el corazón
bienhechor de su casa.

El canto sostenido
y silencioso
de mi madre
éramos mi hermano y yo,
algo solemne que nacía
desde dentro;
un misterio.
Una voz que enhebraba
de afecto profundo las horas.
Y, a más dificultad, más canto.
Una oración de tiempo.

A la intemperie helada
eran las yemas de sus dedos
una hoguera encendida
en conjugación de verbos,
la templanza de una orilla,
el bálsamo que cura,
lo que pulsa con su peso las cosas
y las hace funcionar,
lo que pulsa la carne con su peso
y la alivia de lo solo y del temblor.

Toma, decía, aunque no lo dijera.
Su gesto era una vocación callada
que decía:
Toma esto, toma todo
lo que pueda darte y que es tuyo
por ser quien eres de mí,
mi hijo.
Todo para tu cuidado,
mi gesto y mis palabras,
el bocado de mi boca
para que el abrazo
de la vida te sea leve.

Era la disposición
del ofrecimiento velando
cada hora.
Y ni quería ni sabía hacer otra cosa.

Me decía:
hijo mío, cuídate,
tan de veras
que en mí se hacía
la deuda de mi cuidado,
que era una manera
de cuidarla a ella también,
aligerarla, quitarle peso,
una manera de proteger
la voluntad de la cosecha
de la intemperie y colocar
en el presente una bocanada de futuro.

Cuando decías *hijo mío*, me dabas una propiedad donde no cabía la duda. Un lazo donde situar todo el empeño, un lugar de pertenencia desde la posesión del pronombre, un deber de encuentro, la intersección que nos devolvía uno al otro y nos ponía nombre. Una franqueza única que resumía tanto amor. Cuando decías *hijo mío*, yo me hacía ovillo en las palabras de tu regazo que me devolvían a ti.

A tu imagen y semejanza,
yo era un niño bueno;
algo de ti que yo empapaba
porque tu amor era una deuda
para mí que debía compensar.
Tanta ternura indicaba un camino;
maneras de hacer silenciosas.
Un gesto del cuerpo y de las manos.
Una manera de crecer
y hacer fácil el mundo.

Su transgresión fue querernos
sobre todas las cosas.
Más que a nada.
                                        Un camino.
Y, sin embargo, nunca le pareció bastante.
También ella se transgredía.
Ahora me pregunto qué, en tanto.
Qué fue de ella, dónde se faltó
para que no se bastara,
si se dio alcance.

Era el paño dulce que aliviaba la fiebre,
la luz que gestionaba
la administración de la casa,
la voluntad que salvaba el ánimo
en los peores momentos.
La piedra angular que sujetaba
el arco de amparo de la casa.
Era nuestra vida en la suya,
su vida en la nuestra.

Ella nunca deletreaba
la flor de su amor
con palabras.
Venía herida.
Entre su corazón
y sus ojos
había
esa tristeza antigua
que venía de lejos,
una resignación,
la raíz austera de la soledad,
un cuajo de dolor sin lágrimas.
¿Qué pasó, cómo pudo sujetar
su hebra en el mundo tan sola?
¿Dónde puso la boca
                    de su confianza
para hacer su vida tan nuestra?

Era mi cuarenta cumpleaños.
Cuando me felicitó,
yo la felicité también
como hacía siempre
por ser ella quien era.
Lloró
desconsoladamente;
presentía
que aquella sería
su última vez.
Fue una despedida.

Nada más desnudo
que aquel poema
frente a mí.

Quise velar, yo también,
                    tu noche.
devolverte el camino
donde a cada paso susurran
las consonantes del amor hermoso
y entregarte a la blandura de mi cobijo.
Despreocuparte,
alisar el embozo de las sábanas
como si acariciara la luz de tus ojos por dentro,
amparar tu frente con mi mejilla,
acompañarte,
entrar la última vez en ti
                              para salir de ti,
la última vez, para siempre.

Porque doblar el embozo de las sábanas de tu cama y alisarlo con las manos, como hacías tú cuando velabas mi fiebre, es lo único que pude hacer para acompañarte las últimas horas;
gestos que procuraban con atención tu cuidado.
Una sutil gravedad que hacía que posara sobre ti mis manos que solo podían curarte de amor.
Estar a la escucha de tu demanda, tenderte, procurarte el alivio, acompañarte, proveerme para ti fue, sin saberlo, el último regalo que emanaba de ti sobre todas las cosas.

Ha doblado la frontera del tiempo.
Su presencia es rescoldo de hermosa alegría.
Es la siembra.
Algo más que recuerdo.
Lo posible entonces que hace posible lo de ahora.
Inteligencia y tesón.
Algo salvaje anudado en el nido.
Pájaros ahí.

En el milagro del sol
que desciende hasta el frío
y se hace cuna del invierno
hay una tensión que despierta

                      de golpe
el nombre de mi madre.
El resplandor de lo que era.
Luminoso acompañamiento feliz.

Mi suerte de amor has sido
tú,
la veladora,
el hada buena
que custodiaba los días.
Afán en arrojo de voluntad
que convertía las manos de hacer
en milagro de amparo y dicha;
lugar donde todo parecía fácil.
Tú, la buena ventura,
mi madriguera de aliento bajo tu pecho.

Soy el ungido
por sus manos.
Territorio arado.
He sido de su intención
más allá de todo lo conocido,
del silencio que guardaba
cada una de sus palabras
en ofrenda de amor y voluntad.
He sido vuelo tangible en su pensamiento de cada día,
lugar venerado por el empeño valiente de mi madre.
La cosecha agradecida de su bancal.
Tu hijo.

Escribo para (re)parar
en agradecimiento.
Ahora me alcanza aquel tiempo
despreocupado y ligero
que aprendía
la novedad del instante y curaba
los arañazos con saliva.
Y aunque los días en su efervescencia
de primeras veces
eran luminosos,
nada era tan grande como el ala protectora
que nos cobijaba,
nada más bueno que esa blandura dichosa,
nada mejor que aquella suerte de ser
hijos tuyos.

JUANA

Y sin embargo, esa no he sido yo
sino sólo la escrita.
Porque mi voz ha sido un nido
de silencio, ahora me inventan.
Solo yo supe la que fui y lo que hice
y mi tiempo fue solo
mi tiempo, solo,
entre todo.

El pasado es un prólogo.
WILLIAM SHAKESPEARE

Mi afecto siempre a mi, ahora, más entrañable velador, Leoncio, mi hermano, por su ternura ancha y su exquisita manera de cuidarme. A Lina Rodríguez y Susana Drangosh por su lectura perspicaz, sosegada y reflexiva de *La veladora*, por su ánimo y su hermosa manera de cuidar lo que tocan. A Juanma López González, por su aliento y confianza siempre. A Antonio Rodriguez Barbero por dar luz, con el gesto de sus dedos, a esta casa y convertirla en la puerta de entrada.

A la resonancia de tantos y tantas poetas que hice mías y ahora me acompañan de manera visible e invisible.

A todas aquellas personas que han creído que *La veladora* era un libro necesario y han hecho lo posible por que llegue al lector en las mejores condiciones: Toni Alcolea, Loli Lara, Ana Briz, Amparo Moreno, Nati López.

A cada lector anónimo por su confianza y su tiempo.

La escritura de estos poemas estuvo acompañada de la música de Vivaldi en la voz de Philippe Jaroussky.

ÍNDICE

Palabras para Juana, por Susana Drangosh 11
Amor 15

I. Juana 17
Era la segunda de las hijas 19
Todo en ella era servicio 20
Porque al nacer el primero 21
Él le dio lo único que le dio la vida 22
Cuando por la noche se quita el luto 23
Antes de dormir 24
Su temblor se adivina en la cautela 25
Pone los pies en el suelo 26
Con la boca lanza plegarias 27
Cabalga 28
Por estar en el sitio que debe estar 29
Su alegría no es liebre que salta ligera ... 30
Se ama a sí misma a través de los hijos 31
Los atusa con el peine 32
No tenía canto 33
Es lo que es y hay lo que hay 34
Tiene que hacer frente a todo 35
Se ablanda en la delicadeza 36
Lo que no sabe resolver 37
Desgrana su plegaria 38
Siempre está atenta por si el daño 39
Hay días en los que lo que desea 40

El hijo la miraba 41
En el hacer 42
Es contundente y sobria 43
En su voz tan serena 44
Se sobrepone a la sombra 45
Huele la fragancia de las lilas en abril 46
Pone a descuento los días que faltan 47
Porque así es como agradece 48
El olor de su casa huele a hogar 49
Cuando ya no están 50
Instalada en lo poco 51
En el esfuerzo hay un amor volcado 52
Sé que os dejo sin mí en el mundo 53

II. La cosecha 55
    Un hijo 57
    Dormíamos juntos en una casa 59
    Cuando llegó el desorden 60
    La suya era una casa sencilla 61
    Como una luz encendida en la noche 62
    Todo lo que ahora sé 63
    Una patria 64
    Entonces no lo sabíamos 65
    Su risa se hacía luz 66
    Lo supimos siempre 67
    En lo que hacías había una razón 68
    En la duda 69
    Procuro 70
    Mi casa y mi aliento 71
    Cuando la noche vuelve 72
    No sé cómo hacías para que fuera 73
    La medida que usaba mi madre 74

Aquel vaso de leche caliente 75

Arrullo de nana 76

Quien nos proveía de la suerte 77

Me di cuenta cuando pude 78

He aprendido a estar alerta 79

Algunos dicen que me desvivo 80

Retumbas en mí que fuiste mi casa 81

Otro hijo 83

Fueron mujeres épicas de otra época 85

La templanza tuya era 86

No sentíamos el peso 87

La miraba hacer las cuentas 88

Aprendo el gesto delicado de la mano 89

En su pelo anidaba la nieve 90

Siembra con afecto los dones 91

Como una prolongación 92

Lo lírico 93

Al doblar un día 94

El frío venía de muchos sitios 95

El suyo era un modo precioso de hacer 96

La pauta para el cuidado nacía 97

Cortaba el pimiento 98

Después de las tareas 99

Pronunciaba amén 100

Era su presencia afán de servicio 101

Lo crudo tiene un lugar más adentro 102

El canto sostenido 103

A la intemperie helada 104

Toma 105

Me decía 106

Cuando decías *hijo mío* 107

A tu imagen y semejanza 108
Su transgresión fue querernos 109
Era el paño dulce 110
Ella nunca deletreaba 111
Era mi cuarenta cumpleaños 112
Quise velar 113
Porque doblar el embozo 114
Ha doblado la frontera del tiempo 115
En el milagro del sol 116
Mi suerte de amor has sido 117
Soy el ungido 118
Escribo para (re)parar 119

Juana 121

Agradecimientos 123

Este libro se terminó de imprimir
el día 11 de marzo de 2025.
Hoy se cumplen 102 años del nacimiento
de la veladora.